Made in the USA
Monee, IL
14 December 2021

85242626R00070